VOYAGE
D'ALAIN DESPREZ

RECTEUR
DE SAINT-JULIEN DE VOUVANTES

A BRIOUDE

(1710)

BRIOUDE
IMPRIMERIE A. WATEL
1890

VOYAGE
D'ALAIN DESPREZ
A BRIOUDE

VOYAGE
D'ALAIN DESPREZ

RECTEUR
DE SAINT-JULIEN DE VOUVANTES

A BRIOUDE

(1710)

BRIOUDE
IMPRIMERIE A. WATEL
1890

Les documents officiels, bulles, chartes, donations royales et seigneuriales, titres honorifiques ou utiles ne manqueraient pas à qui voudrait écrire l'histoire du Chapitre de Brioude. Ceux, au contraire, qui touchent à la vie intime et aux relations sociales de ce noble corps sont plus rares ; on peut même dire qu'ils font à peu près complètement défaut. La faveur avec laquelle, le cas échéant, a été accueilli tout ce qui tient à cet ordre d'idées nous a déterminé à publier un intéressant récit communiqué, il y a quelques mois, au vénérable archiprêtre de Brioude par un ecclésiastique breton, M. l'abbé Saint-

Fort-Rondelou. Ces pages ont été extraites des *Mémoires de Messire Henri-Alain Desprez*, dont le manuscrit original figurait, avant 1844, parmi les registres de la paroisse de Saint-Julien de Vouvantes (1), dont il était curé. Il n'en existe plus aujourd'hui qu'une copie.

L'auteur a laissé lui-même, dans ces *Mémoires*, assez de détails précis sur les labeurs et les peines de son existence

(1) SAINT-JULIEN DE VOUVANTES, chef-lieu de canton de l'arrondissement de Châteaubriant (Loire-Inférieure).

Saint-Julien est le lieu d'un antique pélérinage, célèbre en Bretagne, dont il est assez longuement parlé dans les *Histoires et Légendes du pays de Châteaubriant* (Châteaubriant, Drouard-Fremond, 1879, in-8°) et sur lequel M. le marquis de Vernon a lu, le 4 juin 1889, une très substantielle notice à la Société archéologique de Nantes qui en a voté l'impression. Ce remarquable travail doit reproduire diverses représentations de saint Julien ; entre autres, de fort curieuses enseignes de pélérinage fondues au XVe siècle. Celles-ci sont particulièrement intéressantes, et elles figureront, en bonne place, dans une étude iconographique sur le saint patron de Brioude, que prépare un de nos érudits compatriotes.

sacerdotale, pour que le tableau, qui en a a été reconstitué, presque mot à mot, par M. l'abbé Saint-Fort-Rondelou, puisse être considéré comme une sorte d'autobiographie.

Henri-Alain Desprez était à Paris au commencement de 1708, disposé à entrer dans une de ces communautés comme il en existait alors dans beaucoup de paroisses, où les ecclésiastiques se rassemblaient sous la conduite du curé, vivant ensemble d'une pension honnête, mais médiocre, assistant à l'église et s'y employant au service de la paroisse. (Dans ce résumé les expressions mêmes du recteur sont conservées.) Il se détermina à celle de Saint-Nicolas-des-Champs, où il fut gracieusement reçu de M. le curé à la faveur des témoignages avantageux apportés de Nantes. Il *roula* près d'un an dans cette communauté, vit plus au long et connut Paris et ses curiosités, ainsi que ses environs, chose qu'il n'avait pas eu aussi bien le temps de faire pendant trois mois qu'il y avait demeuré lors d'un autre voyage en 1697; y étant allé dans une espèce de dessein d'entrer dans la Société des Jésuites, pressé surtout par le R. P. Girod, l'un des régents qu'il avait eus en rhétorique à La Flèche.

Sur la fin de l'année 1708, il fut recommandé à Monsieur de Bourlemont, abbé de Saint-Florent de Saumur, qui avait le droit de présentation à la cure de Saint-Julien de Vouvantes. Cette recommandation fut faite par M. l'abbé de Blanche-Couronne, qui avait vu Me Desprez vicaire dans le pays de Retz, paroisse d'Arton, au diocèse de Nantes.

Henri-Alain Desprez allait voir ce bon abbé une fois par mois, ordinairement le dimanche après vêpres. Il s'y trouva pourtant un vendredi, justement au moment où l'abbé de Saint-Florent venait de recevoir une lettre de Dom Rousseau, alors prieur de Melleray, qui lui annonçait la vacance de la cure de Saint-Julien et qui lui demandait la nomination d'un protégé, un Monsieur Dauffy, prêtre habitué de Moisdon.

Il s'agissait d'une cure à portion congrue et l'abbé hésitait à l'offrir à Me Desprez. Il le fit pourtant, et Me Desprez demanda quelques jours de réflexion. Après information, ce dernier apprend que la cure est bien une portion congrue, et qu'en outre il y a un procès à essuyer; Mgr l'évêque et la ville de Nantes disputant à l'abbé de Saint-Florent le droit de pourvoir à ce bénéfice.

Alain Desprez, effrayé, se résout alors à remercier l'abbé de Saint-Florent. Mais d'autres nouvelles différentes des premières arrivent. L'abbé de Saint-Florent est bien le présentateur légitime. Après tout, l'abbé Desprez n'a point d'ambition. Il compte pour beaucoup de retourner dans son diocèse. Il est connu et apprécié de ses supérieurs. Il accepte. Il est nommé.

Mais l'évêque de Nantes maintient son avis et menace de faire un procès. Le curé de Saint-Nicolas-des-Champs recommande à l'abbé Desprez de se pourvoir devant Mgr l'archevêque de Tours, qui est heureusement à Paris et qui arrangera tout.

Les droits de Saint-Florent furent maintenus et Alain Desprez arriva à Saint-Julien le dernier jour de l'année 1708. Il trouva la paroisse décimée par la dyssenterie. Son prédécesseur avait été victime de l'épidémie. Le vicaire, l'abbé Ermine, malade lui aussi, pria son nouveau curé de trouver bon qu'il prit du repos, et le recteur demeura seul. Il s'arma de résolution et commença sa carrière par le mois le plus rude qu'on eût éprouvé depuis longtemps, l'année la plus triste qu'on puisse s'imaginer. Les blés périrent par le verglas, les légumes furent détruits. Les arbres mêmes furent frappés dans leurs racines. Les noyers, les châtaigners et la plus grande partie des vignes moururent jusqu'au niveau du sol.

La disette s'en suivit et fit ouvrir les yeux à Me Desprez sur la *dépendance* et l'assujettissement où se trouvait, de temps immémorial, cette cure, la sienne maintenant, à la communauté de la ville de Nantes.

Il y avait environ cent soixante ans que pour favoriser l'établissement du collège Saint-Clément, un évêque, Mgr de Créqui, avait aliéné les dîmes qui avaient fait jusqu'alors le patrimoine de cette cure, en faveur de la communauté de la ville de Nantes. Le curé du temps y avait consenti, apparemment parce que, les offrandes étant très abondantes et la cure par cet endroit une des plus fortes du diocèse, il ne s'embarrassait pas d'un tiers des dîmes, ou environ, qui faisaient le fond de ce bénéfice.

Ici Messire Desprez entre dans de grands détails sur tous les efforts qu'il fit, la peine qu'il se donna pour améliorer sa position vraiment critique. Il travailla en particulier trois jours et trois nuits à un mémoire où il entreprit de convaincre les parties prévenues.

Enfin, il lui fut donné de pouvoir écrire :

« J'eus le plaisir de voir cette grande affaire heureusement terminée et d'en recevoir des félicitations de la plupart de ces

Messieurs. J'ai mis des copies de toutes ces pièces dans un sac que j'ai déposé au secrétariat de l'évêché, avec des mémoires en abrégé sur nos registres et je laissai à mon successeur d'autres copies de toutes ces pièces, afin que mes successeurs y puissent avoir recours au besoin ; car dans toutes ces affaires, j'ai toujours eu en vue leur intérêt comme le mien, dans l'espérance qu'ils me sauront bon gré de toutes ces peines et m'en tiendront compte par leurs prières et leurs sacrifices devant Dieu, à qui il est trop juste que nous rendions tous gloire et actions de grâces, car je reconnais que je n'avais aucune expérience ni même aucune teinture dans les affaires et que je n'eusse eu garde de penser à en venir à bout sans procès, lorsque Dieu m'inspira de les entreprendre. »

VOYAGE

DE

MESSIRE ALAIN DESPREZ

A BRIOUDE

(1710)

Ce succès, qui passait de si loin mon attente, m'encouragea à faire quelque nouvelle entreprise à la gloire de Dieu et pour l'honneur de notre Saint. Je voyais une célèbre et ancienne dévotion qui semblait n'avoir plus de fondement et devoir bientôt tomber, s'étant déjà beaucoup relâchée de l'ancienne ferveur. A peine savait-on ici ce qu'était notre Saint. On voyait bien à sa représentation qu'il avait été homme de guerre ; mais on ignorait presque qu'il eut été martyr. Ce que la tradition ancienne en avait appris défigurait si fort ce grand saint, suivant d'anciennes légendes auxquelles le peuple s'était attaché, croyant que Saint Julien avait tué son père et sa mère, qu'il s'était retiré pour faire pénitence sur le bord d'une rivière où il y avait un passage, et qu'enfin il y était mort dans les exercices de la charité, semblait plutôt dans ces circonstances à un roman qu'à une histoire. Je résolus donc de m'informer au juste de sa vie et d'en chercher les mémoires dans les véritables sources pour rectifier la dévotion des fidèles et être en état de ne leur proposer que des faits certains et bien avérés. Je cherchai donc d'abord dans le martyrolge et j'y trouvai que notre Saint était né à Vienne, qu'il s'était adonné à la profession des armes, vivant de société avec Saint Ferréol, qui était tribun et suivait la foi chrétienne, que Saint Julien avait si peu ménagé son zèle pour la véritable religion qu'il avait bientôt éclaté parmi les payens, que cela étant venu aux oreilles de Crispin, homme consulaire, qui faisait valoir les édits des empereurs contre les chrétiens, Julien s'était enfui vers Brioude, et que Crispin l'ayant su avait dépêché une troupe de soldats vers cette ville pour s'en défaire et en apporter la tête afin d'intimider les autres chrétiens par ce spectacle, que ses soldats ayant rencontré le Saint dans un endroit voisin de Brioude appelé Vinicelle, ils lui avaient coupé la tête d'une manière très cruelle que le martyrologe appelle horrible, et laissant là son corps qui fut inhumé à Brioude, ils avaient emporté sa tête à Vienne, pour faire foi de l'exécution qu'ils avaient faite. Je tirai ce fond de l'histoire de Saint Julien non-seulement du martyrologe, mais encore de Saint Grégoire de Tours qui a fait un livre entier : *De passionne, virtutibus et miraculis beati martyris Juliani*, et qui avait vécu peu après la mort de Saint Julien. Je conçus qu'il y aurait dans ce lieu une église à l'honneur et sous l'invocation du Saint. Je cherchai sur ma carte, et j'y trouvai une ville de ce nom en Auvergne, j'y écrivis une lettre au hasard que j'adressai à Monsieur le curé ou supérieur de l'Eglise Saint-Julien de Brioude. J'y représentai que j'étais pourvu depuis quelque temps, dans le diocèse de Nantes, d'une cure dont l'église était sous l'invocation de Saint Julien, martyr et homme de guerre; que j'avais été édifié d'y trouver une dévotion établie de temps immémorial sur quantité de merveilles qu'il paraissait que Dieu y avait opérées sous l'invocation de Saint Julien; que ne donnant pas ordinairement dans les dévotions populaires, j'avais voulu examiner le fond de celle-ci, que j'avais interrogé quantité de pèlerins que j'avais vus venir à notre église sur la cause de leur dévotion et l'objet de leur pélerinage et que j'avais été édifié d'apprendre que la plupart avaient reçu des grâces singulières par l'intercession de notre Saint, et avaient été tirés des dangers les plus évidents ou des maladies les plus pressantes; quelques uns même apportant leurs suaires, pour marquer la grâce qu'ils avaient reçue ; que cette recherche m'avait animé de zèle pour soutenir la foi de ces peuples qui venaient jusque de la Basse-Bretagne, de l'Anjou et de la Normandie, et que je m'étais senti vivement porté à soutenir une dévotion si ancienne, si authentique et qui subsistait depuis si longtemps, malgré la misère des temps, écueil ordinaire des dévotions populaires ; que ces raisons m'engageaient à écrire au hasard sans savoir positivement à qui, pour prier celui qui était à la tête de l'église de Saint-Julien de s'intéresser comme moi à la gloire de notre Saint, et de m'envoyer les mémoires les plus circonstanciés de sa vie, de sa mort, avec ce que la tradition avait appris de ses miracles ; et je fis mettre cette lettre à la poste d'Angers. Un mois après, je reçus une réponse ; mais je fus bien surpris qu'elle était d'une célèbre compagnie de chanoines-comtes, comme ceux de Lyon, qui m'écrivaient en corps avec cette suscription : Vos très humbles et très obéissants serviteurs, les Prévôt, Doyen, Chanoines-Comtes et chapitre de l'église de Brioude, le secrétaire signant à la fin : Par mandement de Messeigneurs du chapitre. On croira aisément que je fus charmé de voir que ma lettre et ma demande fussent tombées en si bonnes mains, que ces Messieurs s'intéressassent à me prêter la main et à me fournir toutes les recherches que je demandais pour soutenir une dévotion qui les touchait de si près et qu'ils voyaient avec tant de plaisir fleurir jusqu'à une des extrémités du royaume. Ils me faisaient avec cela une description de leur église, de son ancienneté, de sa fondation et des droits et prérogatives qui y étaient attachés, m'assurant de la manière la plus gracieuse de tout ce qui pourrait contribuer de leur part à soutenir une entreprise si louable et à laquelle ils avaient tant de raisons de prendre intérêt.

Cette lettre si obligeante et qui m'assurait des mémoires que j'avais demandés, me fit venir une nouvelle idée : comme ces Messieurs y marquaient que leur église était bâtie sur le tombeau du Saint, il me vint à l'esprit qu'ils en auraient apparemment les reliques, et je leur en demandai quelques portions pour le soutien et l'accroissement de la dévotion à notre Saint établie dans notre église. Mais comme je crus bien que je ne serais pas écouté, si je n'étais autorisé par nos supérieurs, j'allai à Nantes et j'y communiquai à Monsieur l'abbé Dumoulin, notre archidiacre et seul grand vicaire en l'absence de Monseigneur notre évêque, la lettre que j'avais écrite à Brioude et qui avait été si bien reçue du chapitre, avec la réponse de ces Messieurs et l'idée qui m'était venue de faire à cette maison la demande d'une relique ; je lui représentai que je ne me flattais pas d'être écouté, si je n'étais appuyé dans ma demande, et je lui demandai s'il voulait bien y joindre une lettre de sa main ; il me la promit volontiers, et me l'ayant donnée au premier jour je la mis à la poste avec celle que j'écrivais au chapitre pour lui demander une portion des reliques de notre Saint.

Ces deux lettres eurent encore tout le succès que j'en pouvais attendre, et par la réponse que me fit l'abbé comte d'Auliac, au nom de la compagnie, je fus assuré qu'elle m'accorderait une portion de ces saintes reliques ; mais ces Messieurs souhaitaient qu'un prêtre fut député de la communauté de notre lieu, par une députation confirmée par l'autorité épiscopale, même avec quelques sceaux de l'évêché, pour recevoir les reliques que ces Messieurs auraient la bonté de nous accorder, sur une requête qui leur serait présentée de la part de notre communauté pour autoriser la demande de notre député ; après quoi ces Messieurs se chargeaient de faire des procès-verbaux authentiques pour empêcher que ces reliques ne fussent peut-être quelque jour interdites par quelqu'un de nos évêques. Je ne tardai pas à dresser et faire signer les actes suivant le plan qui m'était prescrit pour mettre cette demande en forme ; j'allai à Nantes faire confirmer cette députation et remplir les formalités que demandait la lettre de Monsieur le sindic. Je revins un samedi, après avoir mandé à ces Messieurs par une lettre de Nantes ce que j'avais fait, et que je croyais que malgré la difficulté qu'on me représentait qui se trouverait à passer la Marche et le Limousin dans un temps si misérable, que le désir que j'avais d'aller faire mes dévotions au tombeau du Saint et de leur aller témoigner ma sensible reconnaissance pour les grâces qu'ils m'accordaient si obligeamment, me ferait entreprendre ce voyage. Le dimanche, j'annonçai au prône ma résolution, je représentai que, comme toute la paroisse était intéressée à cette entreprise, je demandais qu'on fit tous les dimanches et fêtes des prières pour obtenir un succès et un voyage favorable, et je partis après les vêpres d'un premier dimanche du mois, qui était le 6 juillet 1710, ayant dit avec nos Messieurs l'itinéraire des clercs dans un entier abandon à la Providence, car nos Messieurs me demandant sur mon départ si je ne prenais point de pistolet, je leur répondis que non, que j'entreprenais une affaire de piété et que c'était à Dieu et à Saint Julien à me conserver. J'allai coucher à la Ramée, près Candé, ensuite à Angers, à Saumur, à Loudun, à Poitiers, à Moulisme et le dimanche 13 à Bellac, ville de la Marche, où je fis une confession générale et dis la Sainte Messe devant le Saint-Sacrement exposé pour une indulgence plénière que je tâchai de gagner; le lendemain à la Maison-Rouge, à Limoges, à Tulle, à Argentat, à Aurillac, à Murat et enfin à Brioude où j'arrivai après treize jours de marche, le samedi 19 juillet, après avoir fait environ quarante lieues dans les montagnes pour y arriver.

Je fus adressé d'abord dans une fort bonne auberge, où moi et mon cheval étions également bien traités et à bon compte. J'allai chez un barbier me faire raser et j'appris là que Monsieur le comte d'Auliac (1) ne demeurait

(1) Amable-François de la Richardie d'Aulhat, était clerc tonsuré du diocèse de Clermont lorsqu'il fut nommé chanoine-comte de la noble collégiale de Saint-Julien de Brioude le 1er novembre 1682, en remplacement et sur la résignation de Claude-Gaspard de la Richardie. Il était le fils de Gilbert de Besse de la Richardie, écuyer, seigneur de la Richardie, d'Aulhat et de Fontanet, et de Jeanne d'Ossandon. Il mourut en 1730.

Ce fut lui qui transmit au P. Le Brun, de l'Oratoire, les remarques sur les usages particuliers à l'église de Brioude.

pas loin. Je me présentai donc chez lui; il sortait jusqu'à la porte pour conduire un Monsieur qui l'était venu voir; lorsque ce Monsieur se fut éloigné, Monsieur l'abbé me demanda si j'avais affaire avec lui. Je lui répondis : Oui, Monsieur, je viens de Bretagne, et vous savez bien pourquoi. — Il fit un moment de réflexion et me dit : Seriez-vous Monsieur Desprez, recteur de Saint-Julien? — Car il avait reçu ma lettre de Nantes deux jours auparavant; et quand je lui eus dit que c'était moi, et que je n'avais pas voulu confier cette affaire à un autre : Hé bien ! Monsieur, me dit-il en m'embrassant tendrement, montons là-haut, je ne veux pas que vous logiez ailleurs que chez moi, voilà un appartement que je vous destine. — Permettez-moi, Monsieur, lui répondis-je, que je reste à l'auberge où je suis descendu et suis très bien ; le succès de mon voyage dépend en partie du soin que je prendrai de mon cheval, souffrez que je ne m'en sépare pas et que je me tienne à portée d'y veiller par moi-même. — Nous déciderons cela tantôt, me dit-il, car je compte que nous souperons ensemble avec quelques-uns de nos Messieurs que je vas prier. — Je lui demandai en grâce de presser mon expédition, parce qu'il m'était important d'être de retour avant notre fête, et d'avoir fait visiter, approuver et transférer solennellemment les reliques que la compagnie aurait la bonté de m'accorder. Il me promit bonne et prompte expédition; et dès le jour même, nous allâmes voir quelques-uns de ces Messieurs, et entre autres Monsieur de Colonges (1), ancien Prévôt, qui avait résigné à son neveu du même nom. Ce Monsieur qui était devenu d'humeur chagrine, me dit d'abord sur l'exposé que je

(1) Hugues de Colonges, fils de Claude, chevalier, seigneur de Pressy, et de Barbe du Bec, succéda à son oncle, aussi nommé Hugues, dans la charge de prévôt et principale dignité de la collégiale de Brioude. D'humeur assez chagrine, il ne cessa pas d'être en procès avec les autres membres du noble chapitre de Saint-Julien. Cependant il était très généreux, et il augmenta le mobilier de son église avec une magnificence que le *Gallia Christiana* qualifie de « presque royale ». Il mourut le 13 mai 1713, laissant la prévoté à son neveu Hugues-François de Colonges.

lui fis de mon voyage : Mais, Monsieur, votre saint n'est pas le nôtre ! — J'avais mandé à Monsieur l'abbé d'Auliac, quelle était la tradition de nos bonnes gens sur la mort du père et de la mère de notre Saint, et son emploi sur un passage de rivière, et ce Monsieur lui ayant montré ma lettre, Monsieur l'ancien Prévôt lui avait fait dès ce temps-là cette difficulté sur laquelle il m'avait prévenu par une de ses lettres. — Monsieur l'abbé, lui dis-je donc, la difficulté que vous me faites n'a de fondement qu'une tradition apocryphe de nos anciens ; notre Saint est martyr, nous en faisons l'office sur ce pied là, il est homme de guerre, sa figure le représente ainsi, il s'appelle Julien, c'est le nom de la paroisse et nous en faisons la fête le 28 août ; pour que notre Saint ne fût pas le vôtre, il faudrait qu'il se trouvât un autre Saint Julien, martyr, homme de guerre différent du vôtre, dont la fête se fit le même jour, 28 août. — Cette critique le satisfit, mais elle n'empêcha qu'il ne traversât dans la suite ma demande.

Je me présentai au Chapitre le même jour

et j'y exposai le sujet de mon voyage, présentant à Monsieur l'abbé de Bragelogne (1), Doyen, qui présidait, les papiers dont j'étais muni ; ils furent jugés en bonne forme et cet abbé me dit : Monsieur, votre voyage, plein de zèle et d'ardeur, fait honneur à notre Saint dans ce canton, il sera couché au long, sur nos registres, nous allons travailler à vous donner toute la satisfaction que nous vous avons promise, et nommer des commissaires pour voir dans une ouverture de notre reliquaire, quelle relique nous pouvons vous accorder.

(1) Nicolas de Bragelogne ou Bragelongne, fils de Thomas, seigneur d'Enzenville, premier président du parlement de Metz, et de Marie de Marle, fut appelé par le vœu unanime du chapitre de Brioude à occuper la place de doyen le 10 mars 1682. Il mourut le 16 septembre 1713, et eut pour successeur son neveu Bernard-Christophe de Bragelogne. Ce dernier, très versé dans le grec, la philosophie et les mathématiques fut membre de l'Académie des Sciences ; c'est lui qui fournit aux bénédictins les « amples commentaires » d'après lesquels ils ont rédigé la liste des abbés, prévôts et doyens de la noble église collégiale de Saint-Julien de Brioude. Cf. *Gallia Christiana*, t. 2, col. 467 et suiv.

Effectivement, on nomma dans ce Chapitre trois commissaires pour faire l'ouverture du reliquaire, et voir quelle relique du Saint on m'accorderait. Le choix tomba sur un ossement tortueux qui est au-dessus de l'oreille, et après s'être déterminés sur ce choix, ces Messieurs le firent renfermer dans le reliquaire jusqu'au lendemain que se devait faire en forme la vérification de cette relique, car il avait été nommé un médecin et deux chirurgiens pour désigner d'où était tirée la relique qu'on me devait donner, et cela en présence du lieutenant général du baillage, du procureur d'office et du greffier qui devaient s'y trouver avec les commissaires et moi. Le lendemain étant donc venu, nous nous trouvâmes tous devant le grand autel dont la face fait le reliquaire à la faveur de trois espèces de portes de fer peint, dans une espèce d'armoire de même, qui se laissent tomber par des ressorts, qui s'ouvrent et se baissent par des clefs, qui se présentent par le derrière. Monsieur le Doyen représenta la relique, ou l'os pierreux, qui m'avait été destiné le jour précédent et pria Monsieur Soleillage, médecin, et Messieurs Bravard et Benézit, chirurgiens, d'expliquer la situation naturelle de cet ossement dans le corps humain. Monsieur le médecin, au lieu de faire sa fonction selon ce plan, dit ouvertement à ces Messieurs que de toutes les reliques du Saint qui restaient au Chapitre après les distributions qui en avaient été faites, celle de l'os pierreux étant une des plus dures et des plus entières, ayant davantage résisté à la longueur du temps, était aussi celle dont la compagnie devait moins se défaire. J'eus peine à le laisser parler si longtemps, et je représentai à Messieurs les commissaires que la compagnie ayant paru vouloir soutenir par la concession d'une relique la dévotion à notre Saint, je m'étais flatté que le choix qui avait été fait de l'os pierreux ferait aisément cet effet, parce que cet ossement frapperait davantage la vue, ce qui était surtout à considérer pour les dévotions populaires ; mais que Monsieur le médecin qui, au lieu de désigner cet ossement, semblait vouloir en changer la destination, renversait toute mon espérance et m'empêchait de répondre de tout ce que j'attendais, en faveur de notre dévotion de la libéralité de Messieurs les commissaires. Le médecin répondit. Je répliquai ; mais je m'aperçus que le peuple, qui était autour des grilles, murmurait et appuyait le médecin. Je quittai donc la partie fort mécontent, et jetant les yeux sur un ossement qui paraissait être un morceau d'un des os du bras qui était enveloppé d'un taffetas rouge avec une étiquette d'ancien velin écrit en gothique avec ces mots : *Almi martyris Juliani* (1). Je le pris entre mes mains et je dis à ces Messieurs : Messieurs, puisqu'il ne m'est plus permis d'espérer l'os pierreux que vous m'aviez destiné hier au soir, accordez-moi du moins ce morceau

(1) *En note dans le texte original :*

Je n'ai pu conserver ce parchemin en velin, apparemment à cause de son ancienneté ; il s'est consommé comme si de petits vers l'avaient imperceptiblement rongé, quoique je l'aie trempé dans l'eau-de-vie et que je l'aie mis dans un papier.

qui semble hors d'œuvre. Personne ne dit mot pendant un peu de temps.

Je me plaignis à ces Messieurs que je croyais de mes amis, et surtout à Monsieur l'abbé d'Auliac de cet espèce d'abandon. Monsieur l'abbé de Bragelogne enfin prit ce morceau et l'élevant, il dit : Messieurs, que vous en semble ? Monsieur le recteur de Saint-Julien de Vouvantes vous demande cette relique, puisque vous ne lui accordez pas l'os pierreux, voyez ce que nous en ferons. — On fut un moment sans répondre, lorsque Monsieur le comte de Tallende (1) prit la parole et dit : Puisque nous n'accordons pas l'os pierreux, je suis d'avis qu'on accorde cet ossement à Monsieur le recteur de Saint-Julien de Vouvantes ; il ne faut pas le renvoyer mécontent. — Aussitôt un air de gaieté se répandit sur mon visage, et ce même commissaire m'ayant demandé si j'étais content, je lui répondis que je l'étais parfaitement. Avouez, Monsieur, me dit monsieur le Doyen, que nous vous avons

(1) Hugues de Pons de Tallende.

fait passer un quart d'heure de mauvais temps.

Monsieur l'ancien Prévôt, qui avait été nommé l'un des trois commissaires, ne se trouvait plus à ces assemblées ; il avait paru partisan trop déclaré contre cette affaire et s'était même attiré des reproches assez vifs sur les difficultés qu'il faisait naître à tout moment, dont il s'était piqué. Un jour que les trois commissaires étaient assemblés en chapitre avec les autres, Monsieur l'abbé d'Auliac, parlant de l'ardeur que j'avais témoignée pour la gloire de notre Saint : Vraiment, dit Monsieur l'ancien Prévôt, il me paraît que la compagnie se rend bien facile à accorder de ces reliques. — Monsieur l'abbé d'Auliac, que cela regardait plus qu'un autre, parce que c'était lui qui avait conduit cette affaire, lui dit : Il me semble, Monsieur l'ancien Prévôt, que vous avez bien attendu à témoigner votre difficulté ; quand Monsieur le recteur de Saint-Julien de Vouvantes nous a écrit la première fois, vous avez été d'avis comme nous en applaudissant à sa lettre, comme les autres, pour lui accorder, à sa seconde lettre, les reliques qu'il demandait; nous lui avons prescrit des formalités qu'il a fort bien remplies, que demandez-vous donc à présent? — C'était la moindre des choses, répondit-il, que l'évêque eût écrit. — Eh! que voulez-vous? lui répondit-on, il n'est pas à Nantes, le seul grand vicaire écrit, *absente episcopo*, vous en avez été content, pourquoi revenir contre une délibération de la compagnie où vous avez eu part et pour laquelle vous devez avoir du respect comme moi? — Du respect? dit Monsieur l'ancien Prévôt, vraiment la compagnie s'en trouverait bien, si elle prenait un peu de mes leçons! — Vos leçons? reprit Monsieur le sindic, il faut penser que vous n'êtes plus qu'un particulier qui n'avez de droit que de délibérer, sans vous attendre à donner des leçons. — Pour moi, interrompit agréablement Monsieur le théologal (1), si vous

(1) JULIEN DE VÈZE, prieur de la Trinité et de Sainte-Agathe-de-Cusse. Deux chanoines du même nom et du même prénom, l'oncle et le neveu, furent successivement théologaux du chapitre de Brioude. Le second, dont il est ici question, mourut dans

voulez bien que je vous dise mon sentiment, je crois que si, sans simonie, on peut acheter des reliques, Monsieur le curé de Saint-Julien de Vouvantes a acheté bien cher celles que nous voulons lui donner. — Cette saillie rompit la dispute, et la chose en resta là ; mais Monsieur l'abbé de Colonges n'assista plus aux assemblées qui regardaient cette affaire, et ces Messieurs n'en allèrent pas moins leur train.

Sur ces entrefaites, il fut tenu un chapitre pour délibérer avec quelles cérémonies on me délivrerait ces reliques. Les uns disaient qu'il fallait me les délivrer à la porte de l'église, les autres d'une autre manière ; mais l'opinion qui l'emporta fut qu'on assemblerait jeudi la procession solennelle, que Monsieur le Doyen porterait la cassette, que je marcherais en habit de cheval derrière Monsieur le Doyen, et que, aussitôt qu'il me l'aurait remise je partirais, ne paraissant pas convenable à ces Messieurs que les reliques restassent dans

cette ville, âgé d'entour 67 ans, le 20 décembre 1732, et fut enterré dans l'église des religieuses de Notre-Dame.

leur ville ailleurs que dans leur église. Monsieur l'abbé d'Auliac m'en vint donner avis à mon auberge : Eh bien, Monsieur, nous vous donnerons votre congé solennellement, et l'on a délibéré que nous vous porterons ces reliques en procession solennelle jusqu'à la porte de la Visitation. Il faut préparer les procès-verbaux pour les signer demain dans la chapelle de notre Saint et les remettre dans la cassette avant de les fermer avec les sceaux. — Nous nous assemblâmes, dès le soir, pour dresser l'acte de concession et celui de la vérification par experts ; mais Messieurs les officiers du baillage n'entendant rien à ces sortes d'actes, comme j'étais au fait de toutes les citations des actes préliminaires, je me chargeai de dresser ceux-ci, parce que Messieurs les officiers me laissèrent entre les mains ce qu'ils en avaient commencé pour en former le style ; et le lendemain, étant allé de grand matin chez Monsieur le procureur, il fit expédier deux copies de ces deux actes, l'une pour rester au trésor, l'autre pour être déposée dans la cassette avec les reliques, pour servir à en assurer l'authenticité ; et le même jour, la cloche sonnante sur les neuf heures et demie, la procession s'assembla. Monsieur le Doyen et Messieurs les commissaires s'étant rendus en la chapelle du Saint, lecture faite des actes à haute voix, Messieurs les commissaires et moi les signèrent ; Monsieur le lieutenant général du baillage, Monsieur le procureur fiscal et le greffier, le médecin et les chirurgiens le signèrent aussi ; cela fait, on scella la cassette d'un ruban rouge en croix avec trois sceaux que j'avais apportés de l'évêché de Nantes, autant de sceaux du chapitre de Brioude, et autant de sceaux de la juridiction. Ensuite on se mit en procession ; Monsieur le Doyen portant la cassette, on marcha vers la porte de la ville dite de la Visitation, les cloches sonnantes et la musique chantante ; et sous la porte Monsieur le Doyen s'arrêta ; Messieurs les chanoines, tous en surplis et robes violettes, se présentèrent avec demi-génuflexion et baisèrent la cassette entre ses mains ; il la baisa lui-même et moi après, et me la remit entre les mains avec un discours qu'il me fit sur la sainteté de ces reliques, le prix dont elles étaient pour le chapitre, l'édification qu'on avait eue du zèle avec lequel j'avais entrepris et conduit cette affaire, qui n'avait pas peu contribué à me faire accorder la grâce que j'avais demandée, les soins que j'en devais prendre dans le transport, aussi bien que de faire recevoir à notre évêché ces reliques comme des plus insignes ; enfin me recommandant de bien inspirer aux peuples la vénération qu'on devait avoir pour ces reliques et de contribuer en tout à l'accroissement de la dévotion à notre Saint. Je répondis en peu de mots à ce discours, je mis la cassette, qui avait été bénite par Monsieur le Doyen dans un sac que j'avais fait faire exprès pour conserver les sceaux. Ces Messieurs et la procession se retiraient ; le peuple au milieu de qui je me trouvais parut d'abord avoir de l'empressement pour baiser ce sac, je m'y prêtai assez volontiers d'abord, mais comme on me tirait peu à peu la main, et que je voyais un murmure se commencer, je fis quelque contenance d'être embarrassé; trois de ces Messieurs se détachèrent de la procession et vinrent me mettre en liberté, me donnant le moyen de prendre mes étriers et de monter à cheval. Ainsi je partis de Brioude le jeudi 24 juillet 1710, bien joyeux d'avoir avec moi ce précieux dépôt pour lequel je m'étais donné tant de peines. Je pris mon retour par Clermont sur la route duquel j'allai coucher à neuf lieues, dans un petit lieu sur le passage, nommé, si je ne me trompe, la Maison rouge. Le lendemain je me rendis de bonne heure à Clermont où je dis la messe à Saint-Pierre, j'allai aussi visiter la grande église qui est un fort beau vaisseau et fort clair; mais dont le devant n'est pas achevé, non plus que le collège des jésuites; mais il y a une très belle place vis à vis des Minimes; je logeai, à la Croix d'Or au faubourg près le Puy-de-Dôme (1), j'en sortis vers les trois heures et par une très grande chaleur; plus je montais la montagne,

(1) Faubourg des Gras.

plus il me semblait que le temps se raffraichissait quoique j'eusse le soleil à plomb; mais c'était un effet de l'agitation de l'air; je passai la montagne laissant à main droite une pointe en forme de pain de sucre qui en fait toute la hauteur, car cette pointe s'élevait au-dessus des nues, et il y a sur son sommet une petite chapelle avec une croix.

J'allai coucher à Gelles, où je vis des espèces de quarts en gros cuir où l'on transporte le vin et il se vend dans ces quarts étroits et allongés faits pour être chargés aisément sur des mulets (1), et il se vend, dis-je, à la livre en gros. Il arriva le soir après que je fus couché, des messieurs

(1) Goelnitz avait également remarqué ces vaisseaux vinaires lorsqu'il suivit, en 1629, de Limoges à Clermont, la même route que le recteur de Saint-Julien de Vouvantes. « ... Quidquid vini habent, Claromonte mulis advehitur, utribus et vasculis onustis.» (*Ulysses Belgico-Gallicus*, Leyde, Elzévir, 1631, p. 645).

Les *outres* et les *boutes* étaient d'un usage très répandu dans les pays, tels que le Vivarais, le Velay, le Gévaudan et l'Auvergne, où, avant l'ouverture des voies nombreuses de communication qui existent

qui devaient aller le lendemain à Felletin, où j'avais aussi dessein d'aller coucher ; comme nous étions à la dînée il vint à l'un d'eux un exprès de Felletin, pour lui apprendre la mort d'un sien frère qu'il avait laissé en santé depuis trois jours ; il était mort d'une maladie contagieuse qui avait fait bien du ravage à Poitiers et à Limoges, où il était mort près de seize mille personnes. Cela me fit quelque frayeur d'abord, car on parlait mal de cette ville ; je me fis apporter pour mon souper deux truites qu'on fit bouillir en une pinte de vin de Cahors, avec quantité de beurre et des herbes, et l'on m'apporta pour prélude une pinte du même vin, j'en bus une bonne partie avant le repas et le reste pendant le repas en

aujourd'hui, les transports se faisaient au moyen de bêtes de somme.

Olivier de Serres, dans son *Théâtre d'Agriculture*, parle de la confection des *outres* en peaux de chèvre. « L'on escorche, dit-il, les chèvres à la manière des conils (lapins), c'est à sçavoir renversant la peau... » Les *boutes* étaient de fortes outres en peaux de bœuf, de vaches ou de porc solidement cousues. Le centre de leur fabrication était au Puy-en-Velay.

mangeant les deux truites et leur sauce, de sorte que l'estoma : ainsi garni je ne craignais plus le mauvais air. Il me vint encore là une bonne aventure : c'est qu'il se présenta à moi un homme qui allait à Limoges mener un cheval au neveu d'un curé qui sortait du séminaire, et cela me fit un double plaisir, premièrement parce que je trouvais de la compagnie pour faire un chemin assez considérable d'une journée et demie, et en second lieu parce que j'espérais, comme il arriva, que cet homme pour quelques bouteilles me prêterait son cheval et me donnerait par là le moyen de soulager le mien qui commençait à se fatiguer. Nous couchâmes en un lieu appelé Sauviat, à deux lieues et demie de l'abbaye de Grammont où j'ai bien eu regret de n'être pas allé, mais l'empressement que j'avais d'avancer mon voyage et mon retour l'emporta sur la curiosité. Enfin, nous arrivâmes à Limoges, où je ne voulus point entrer sur les mauvaises nouvelles qu'on nous en disait aux approches ; je le laissai à gauche et vins dîner à une lieue en deça, à une auberge appelée le Petit Limoges d'où je revins coucher à la Maison rouge, le lendemain à Bellac, à Moulisme, à Poitiers, à Airvault, où mon cheval resta un jour malade. Ensuite j'allai voir un monsieur que j'avais mis précepteur quelques années avant chez Monsieur de la Preuille, appelé Monsieur de la Bonnelière, demeurant à la Chapelle Saint-Laurent ; d'où après un séjour je vins prendre un marchand à Bressuire qui devait me conduire jusqu'à Nantes ; mais après avoir passé à Mauléon, étant à Clisson, je me détournai à la Preuille, où je restai deux ou trois jours à me reposer de ma longue course. Ce voyage d'un mois sans repos par la saison la plus ardente m'avait hâlé le visage et j'avais beaucoup noirci dans cette route ; Madame de la Preuille, que j'avais eu le bonheur de voir à Nantes avec Monsieur son époux, et à qui j'avais compté mes démarches, ma relation avec Brioude où je disais que nous enverrions quelque ecclésiastique, sans marquer positivement ma disposition, me dit : D'où venez-vous donc, Monsieur, que je vous trouve la couleur et le teint si changés ? — Je viens de Saint-Julien, lui dis-je, Madame. — Vous avez bien noirci en si peu de temps. — Vraiment Madame, c'est que j'ai passé à Brioude, lui dis-je. — Je ne m'en étonne plus, me dit-elle. — Mais avez-vous eu des reliques ? me demanda Monsieur de la Preuille. — Oui, Monsieur. Cette nouvelle parut lui faire plaisir, car il avait la bonté de s'intéresser depuis longtemps à mes affaires. Il aurait bien voulu que j'eusse ouvert la cassette pour satisfaire le désir qu'il avait de voir les reliques de notre Saint, et je ne pus lui donner cette satisfaction. Monsieur de Boysollon était là depuis quelques jours et parlait de s'en aller le lendemain à Nantes; je fis tout ce que je pus pour profiter de cette compagnie, car j'étais devenu d'une appréhension extrême de trouver quelque mauvaise rencontre. Monsieur et Madame de la Preuille m'obligèrent de rester encore un jour, et je fus ensuite dans la nécessité de m'en aller seul à Nantes. J'y arrivai donc heureusement le mercredi 6 août. Le lendemain je dis la messe au Bon-Secours pour un vœu que j'avais fait, me trouvant extrêmement épuisé et réduit à me reposer sur une pierre lorsque je montais la montagne du Cantal, près de Vic-le-Comte (1), heureux de trouver en ce moment sur moi un flacon d'eau de la reine de Hongrie dont Madame de la Freslonnière m'avait fait présent lorsque je partis. Les jours suivants furent employés à solliciter une visite. Monseigneur de Beauvau me dit : Oh ! vous entendez bien votre compte, allez à Monsieur l'abbé de la Bâte, dites-lui qu'il vous fasse un procès-verbal comme pour les reliques de Rome. — Madame la présidente douairière de Cornulier, près de qui j'avais une parente, avait été informée de mon voyage. Je l'allai saluer à mon retour ; elle était charmée du succès que j'avais eu et ne se lassait point de m'en applaudir ; elle voulut être avertie du jour et de l'heure qui me seraient donnés pour ce procès-verbal. La

(1) Messire Alain Desprez fait ici erreur. Il s'agit de *Vic-sur-Cère*, qui se trouve au pied du Cantal et non de Vic-le-Comte, localité de la Basse-Auvergne, située entre Issoire et Clermont.

bonne dame s'y trouva en effet, mais quand l'expédition fut faite, elle aurait bien voulu avoir quelque léger fragment de ces reliques, comme elles ne m'avaient été accordées que pour notre église, je me retranchai sur ce scrupule et me débarrassai par ce moyen de cette demande. Ce procès-verbal se fit très favorablement. Les deux reliques furent déclarées insignes et authentiques. Il me fut accordé d'en faire la translation solennelle dans notre église, et les paroisses adjacentes étaient invitées à y assister processionnellement, accordé d'en faire l'office double tous les ans à pareil jour avec l'exposition du Saint-Sacrement ; et je fis renfermer la cassette avec le même ruban et trois nouveaux sceaux du secrétariat. Avant ce procès-verbal, je m'étais mis en prière devant l'autel de la Vierge près la sacristie de Saint-Pierre où il se devait faire. Monsieur l'abbé de la Boissière vint à moi et me demanda si je venais vraiment de Brioude, si j'en avais porté des reliques ? et comme je lui répondis que oui, il me demanda quelle recommandation j'avais eu pour cette affaire : Aucune, Monsieur, lui répondis-je. J'ai intéressé ces Messieurs par la gloire de notre Saint. — Oh ! pour cela, me dit cet abbé, je ne m'en étonne pas moins, vous vous seriez morfondu à notre chapitre.

Cependant, je partis de Nantes le mardi 12 août. J'arrivai ici le lendemain avec les saintes reliques que je déposai *incognito* dans l'armoire de notre sacristie en attendant que j'eusse préparé tout, pour en faire la translation solennelle au petit bourg d'Auverné qui me parut le lieu le plus convenable. J'allai inviter Monsieur le recteur d'Erbray à qui, comme le plus ancien, était adressée la commission de faire cette cérémonie et Messieurs nos autres confrères et voisins. Le jour marqué, je me rendis à Saint-Sulpice d'Auverné, j'y trouvai un monde infini qui demandait où étaient les reliques, je ne me vantais pas de les avoir; mais elles se trouvèrent bientôt sur l'autel, où je les pris et les remis à Monsieur d'Erbray en lui notifiant sa commission. La procession se fit avec un très grand concours et assez d'ordre jusqu'au passage du Beuchet, mais nous eûmes là un orage qui nous embarrassa pendant quelque temps et nous mouilla nos surplis. Le beau temps étant venu, nous continuâmes et arrivâmes enfin à Saint-Julien où l'on n'avait jamais tant vu de monde, que le bruit de mon voyage et le jour marqué de cette translation y avait attiré. Quand nous fûmes arrivés au grand autel, Monsieur le recteur d'Erbray ouvrit la cassette après avoir levé les trois sceaux, et élevant ces deux reliques à la vue de tout le monde : Voilà, Messieurs, dit-il à haute voix, les reliques que Monsieur le recteur de cette église a apportées de Brioude et le procès-verbal de la visite de Nantes ! Je montai en chaire et en fis la lecture à voix intelligible, en sorte que plusieurs personnes de distinction que la fête avait attirées témoignèrent ensuite qu'on ne pouvait rien voir de plus authentique que ces reliques. On célébra la sainte Messe pendant laquelle je dressai sur notre registre un rapport de cette translation qui fut signé par Messieurs les prêtres et plusieurs autres personnes qui s'y étaient trouvées. Pendant la Messe, Monsieur le recteur de Freigné prêcha très éloquemment sur cette cérémonie, ayant été prévenu le plus heureusement du monde et comme par inspiration de me faire un sermon sur cette fête, voici comment : Comme j'étais prêt à partir d'ici pour ce voyage, Mademoiselle de la Baujardière, qui était de la paroisse, et qui savait que je n'ignorais pas son talent et que je l'honorais beaucoup, quoique je le connusse à peine, me dit : Vraiment, Monsieur, Monsieur Coussard, notre recteur, s'attend bien que vous l'emploierez dans votre cérémonie à la translation de vos reliques ? — Oui, Mademoiselle, lui dis-je, et chargez-vous, je vous prie, de lui dire qu'en attendant les autres formalités dont je m'acquitterai, Dieu aidant, je le prie de me tenir prêt un sermon pour l'arrivée de nos reliques. — Elle fit la commission, et ce brave curé surpassa dans son sermon ce que j'en avais espéré. Je l'envoyai même à Brioude, la lecture en fut faite en chapitre et j'ai une lettre de compliments sur la délicatesse et l'éloquence de cette pièce, aussi bien que sur le panégyrique du Saint qu'il nous fit l'année suivante, qui fut également applaudi. Nous jouîmes encore quelques années du voisinage de cet excellent confrère, mais depuis trois années, Monseigneur d'Angers l'a attiré à Chavagnes où il fait les délices de ses paroissiens et à la confiance de Monseigneur, son prélat, qui lui a donné la direction des conférences. . . . .

Le 17e jour d'août 1710, nous, recteurs et prêtres soussignés, avons assisté avec nos processions à la translation solennelle de deux reliques de Saint Julien, homme de guerre, martyr et patron de cette paroisse, l'une du chef et l'autre de la main dudit Saint, apportées par Monsieur le recteur de cette paroisse de Brioude en Auvergne, lieu du martyre et de la sépulture dudit Saint et à lui accordées par Messieurs les chanoines-comtes et chapitre de ladite ville de Brioude, lesquelles reliques renfermées dans une cassette garnie de bandes de fer et liée en croix d'un ruban rouge, scellée par les deux bouts aux armes de Monseigneur notre évêque, nous ont été présentées en l'église du bourg de Saint-Sulpice d'Auverné, par ledit sieur recteur de Saint-Julien de Vouvantes et ont été de là transférées solennellement par le recteur d'Erbray, suivant la commission à lui adressée par Monsieur l'abbé de la Bâte, vicaire général de Monseigneur l'évêque par son procès-verbal de visite desdites reliques du onze de ce mois ; et certifions qu'étant arrivés à l'église de cette paroisse, et ayant levé sur le maître autel les deux sceaux de Monseigneur notre évêque et ouvert ladite cassette, nous avons trouvé lesdites reliques conformes aux procès-verbaux, tant du noble chapitre de Brioude que de Monsieur le vicaire général, dont ledit sieur recteur de cette paroisse nous a donné lecture ; après quoi les avons remises dans un reliquaire bénit qui avait été préparé pour cet effet. Et la messe a été célébrée par ledit recteur d'Erbray pour rendre grâce à

Dieu de l'heureuse translation desdites reliques. Afin que le souvenir de cette solennité reste à l'avenir, nous avons laissé le présent mémoire et certificat que nous avons signé lesdits jours et l'an que dessus.

GAUTRON DE LA BATE, recteur d'Auverné. — COUSSARD, recteur de Freigné. — Joseph GUINEL, recteur d'Erbray. — G. ROGERON, recteur de Moisdon. — HAMEL, prêtre, vicaire de la Chapelle-Glain. — RENAUD, prêtre, vicaire de Saint-Sulpice d'Auverné. — A. HENRY, prêtre. — PICAULT, prêtre. — HEULIN, prêtre. — BUARD, prêtre. — J. PLANCHENAUT, prieur de Juigné. — ERMINE, vicaire de Saint-Julien de Vouvantes. — A. DESPREZ, recteur de Saint-Julien de Vouvantes.

Les reliques si laborieusement obtenues par Henri-Alain Desprez diparurent lors de la tourmente révolutionnaire. Après bien des années, mais antérieurement à 1835, une femme âgée se présenta à M. le curé de Saint-Julien de Vouvantes, elle prétendit avoir soustrait à la profanation les os vénérés rapportés de Brioude, les avoir réduits en poussière et cachés chez elle. Les lettres authentiques étaient perdues, une enquête était difficile. La bonne femme persistait, avec la plus entière bonne foi, à donner ces reliques pour véritables et à les restituer à l'église d'où elles provenaient. On les accepta donc (1). Néanmoins on chercha à se procurer d'autres reliques de saint Julien et on en demanda d'autres à M. le curé de Châteaubriant qui en possédait. Il les tenait d'un de ses prédécesseurs, du doyen P. Blays, recteur de la paroisse de Saint-Jean de Béré, doyen de Châteaubriant, mort le 4 février 1706, âgé de 82 ans, qui les avait fait venir de

(1) Cette poussière, contenue dans une petite boîte en carton, a été plus tard déposée dans le reliquaire actuel.

Rome, en 1683 (1), avec beaucoup d'autres reliques, par l'entremise d'un prêtre originaire de Châteaubriant, l'abbé Luette, d'abord curé de Saint-Yves des Bretons, puis de Saint-Louis des Français.

Le riche trésor dû à la piété du doyen Blays fut sauvé pendant la Révolution, et c'est là qu'on put, en 1835, réparer la perte des reliques de l'église de Saint-Julien de Vouvantes, disparues à la même époque. On remarque dans le procès-verbal de cette nouvelle translation un nom cher à l'Auvergne, celui de Monseigneur de Guérines, évêque de Nantes.

Le onzième jour de mai 1835, nous, soussignés, avons assisté à la translation solen-

(1) Ces reliques avaient été probablement offertes, en reconnaissance des nombreux bienfaits qu'ils s'étaient plus à répandre sur l'église de Saint-Julien, à un des papes qui étaient venus au tombeau de l'illustre martyr, et dont le dernier, Grégoire XI, fut prévôt du chapitre de Brioude avant son élévation au souverain pontificat.

nelle de deux reliques, dont l'une est de Saint Julien, homme de guerre, martyr et patron de cette paroisse, et l'autre de Saint Symphorien, également martyr, apportées par Monsieur Landeau, vicaire de cette paroisse, de la ville de Chateaubriant et accordées par Monsieur Ribot, curé de ladite ville ; lesquelles reliques renfermées chacune dans son reliquaire de bois doré dont la description est faite dans l'ordonnance épiscopale ci transcrite : Joseph-M.-J.-B.-P. Auguste Micolon de Guérines (1), par la miséricorde de Dieu et la grâce du Saint-Siège apostolique, évêque de Nantes, à tous ceux qui les présentes verront, salut en N. S. J. C. Faisons savoir que le 26me jour de février 1835, nous ayant été présenté un reliquaire renfermant des reliques de Saint Julien de Brioude et de

(1) Joseph-Michel-Jean-Baptiste-Paul-Augustin Micolon de Guérines, fils de Jacques-Christophe Micolon, seigneur de Blanval, Guérines, etc., et de Charlotte Teyras de Grandval, était né à Ambert, le 28 septembre 1760. Il était vicaire général du diocèse de Clermont, lorsqu'il fut sacré, le 17 novembre 1822, évêque de Nantes, où il mourut le 12 mai 1838.

Saint Symphorien, martyr, dont nous avons reconnu l'authenticité, nous en avons extrait avec respect une portion de chacune desdites reliques que nous avons placées chacune dans un reliquaire de bois doré haut d'un pied et demi et large d'un pied dont le devant est garni d'un verre de forme ovale et que nous avons scellé du sceau de nos armes avec un cordon de soie rouge après avoir inséré dans l'une et l'autre boîte un certificat attestant l'authenticité des susdites reliques que nous permettons d'exposer à la vénération des fidèles de notre diocèse.

Donné à Nantes, etc. L. de Courson, vic. général. — Par mandement de Monseigneur : Lefort, prêtre pro-secrétaire.

Les susdites reliques nous ont été présentées à la chapelle de Sainte-Anne, au cimetière de cette paroisse, par Monsieur Condomine, curé de ladite paroisse, et ont été de là transférées en l'église paroissiale par Monsieur le curé de Chateaubriant, et la messe a été célébrée pour rendre grâce à Dieu de l'heureuse translation desdites reliques, à laquelle assistaient les processions du petit Auverné, de la Chapelle-Glain et de Juigné. Afin que le souvenir de cette solennité reste à l'avenir, nous avons dressé le procès-verbal présent lesdits jour et an que dessus.

RIBOT, curé de Chateaubriant. — G. M. LOUVEL, curé de la Chapelle-Glain. — THOREAU, curé du petit Auverné. — HAMELIN, curé de Vritz. — BONEL, curé de Juigné. — GRESLÉ, recteur du Pin. — OLLIVIER, recteur du Soudau. — TANGUY, recteur de Saint-Sulpice-des-Landes. — GUIHENEUF, vicaire de la Chapelle-Glain. — CHAUVIN, vicaire de Saint-Mars-la-Jaille. — HERVY, vicaire de Moisdon. — TURPIN, prêtre. — CHASSAING, maire. — GUILLAUD, chirurgien. — DANIEL, juge de paix. — Charles DE ROCHEQUAIRIE. — Sophie FRESNAIS DE LA BRIAIS...... LANDEAU, vicaire de Saint-Julien de Vouvantes. — CONDOMINE, curé de Saint-Julien de Vouvantes.

Imprimerie A. Watel, à Brioude (Haute-Loire).

202

www.ingramcontent.com/pod-product-compliance
Lightning Source LLC
LaVergne TN
LVHW010103230826
846091LV00005B/2071

9782013444101